LE P. JEAN WEHINGER

Mes Enfants
Lépreux

MANDALAY
EN BIRMANIE

Deuxième édition

PRIX :

UNE AUMÔNE

Paris, au Séminaire des Missions Étrangères
128, rue du Bac, 128

SOMMAIRE

LETTRE DE MONSEIGNEUR USSE

ÉVÊQUE TITULAIRE DE SELGE ET VICAIRE APOSTOLIQUE
DE LA BIRMANIE SEPTENTRIONALE

CHAPITRE I

RAVAGES DE LA LÈPRE EN BIRMANIE. — DESCRIPTION DE CETTE
MALADIE. — FONDATION DE LA LÉPROSERIE « SAINT-JEAN ».
Mgr Simon. — Vaste enclos en trois parties. — Hôpitaux.
— Salle Cholmeley.

CHAPITRE II

Père Martin. — Deux humbles volontaires. — Un ermite. —
Audience du Saint-Père. — Six Sœurs franciscaines. —
Chapelle. — Adoration perpétuelle. — Puits prétendu de
Gaudama.

CHAPITRE III

VIE DES LÉPREUX.

Le lépreux en dehors de la léproserie. — Arsenic. — Le
lépreux à la léproserie. — Exercices de la journée. —
Père Martin sur son pavois. — Fête de famille. — Père
Antony. — Mgr Usse. — Danse à la lépreuse.

CHAPITRE IV

AYA-MIA, LE SORCIER.

Son dévouement. — Son oratoire privé. — Martyre manqué.
— Sa renommée de sorcier. — Ses prédications.

CHAPITRE V

ESPOIR ET CONFIANCE.

Développement de l'hôpital. — Lépreux renvoyés. — Impor-
tance sociale de l'œuvre des lépreux. — L'Europe menacée.
— Conférence scientifique internationale sur la lèpre. —
Moyen pratique. — Espoir et confiance.

APPENDICE

GROUPE D'ENFANTS LÉPREUX.

Lettre des petits lépreux aux enfants d'Europe qui ne souffrent pas!

LE P. JEAN WEHINGER

—❈—

Mes Enfants

Lépreux

Deuxième Edition
Revue et considérablement augmentée

AVEC QUATORZE PHOTOGRAVURES
ET CINQ GRAVURES

Au Profit de l'OEuvre

PRIX : UNE AUMÔNE

MANDALAY EN BIRMANIE

Paris, au Séminaire des Missions Etrangères
128, Rue du Bac, 128

VICARIAT APOSTOLIQUE
DE LA
BIRMANIE SEPTENTRIONALE

Nous osons recommander le Révérend Père Jean Wehinger, notre très cher fils en Notre-Seigneur, à la bienveillance de Nosseigneurs les Archevêques et Evêques auxquels il aura besoin de s'adresser tant pour célébrer la sainte Messe dans les églises catholiques, que pour réussir dans son entreprise toute de dévouement et de sacrifice.

Nous sommes heureux de déclarer que l'œuvre que ce prêtre a entreprise, a été inspirée et bénie par Dieu.

Il y a trois ans, le Père Jean Wehinger, ému par les misères, la pauvreté et les afflictions dont souffrent tant de lépreux qui habitent notre ville de Mandalay et aussi toute la province, a résolu de leur porter aide et secours. Il a commencé par bâtir une maison à quelque distance de la ville et y a reçu les plus malheureux et les plus abandonnés parmi les lépreux. Il les a nourris comme un père nourrit ses enfants, et leur a prodigué les soins du bon Samaritain. Cette Institution excita grandement l'admiration de tous les païens et sa renommée se répandit partout. Beaucoup de malades voulurent devenir l'objet de tant de sollicitude, et leur nombre alla toujours croissant. Il a fallu agrandir et multiplier les maisons à un tel point qu'à voir l'établissement, on le prendrait pour un village plutôt que pour un hôpital.

Certes les difficultés et tribulations de tout genre n'ont point fait défaut, mais malgré toutes les machinations du démon, l'Asile « Saint-Jean » abrite aujourd'hui près de 150 lépreux. Ceux-ci proclament avec joie qu'ils y ont trouvé le bien-être de leur corps et le salut de leur âme. Malheureusement nous nous trouvons en ce moment dans une grande détresse à cause du manque des choses néces-

saires à la vie. Comment, en effet, notre jeune Mission de vingt ans, pressée par des besoins multiples, pourrait-elle nourrir une famille si nombreuse ? Et cependant bien plus nombreux encore sont les pauvres lépreux qui ne trouvent pas même de place chez nous. — C'est pourquoi nous envoyons notre cher fils, le Protecteur des lépreux, vers ces florissantes régions de l'Europe qui possèdent la charité chrétienne en même temps que la fortune, afin que, grâce à leurs aumônes, il puisse assurer la subsistance à ses enfants adoptifs.

Nous prions nos bienfaiteurs d'agréer nos meilleurs sentiments de reconnaissance que nous ne manquerons pas de déposer d'abord aux pieds du bon Dieu.

Mandalay, 21 janvier 1895.

† ANTOINE-MARIE-JOSEPH USSE,
*Évêque titulaire de Selge
et Vicaire apostolique de la Birmanie Septentrionale.*

Cachet
du Séminaire
des
M.-E.

La traduction française de cette lettre reproduit fidèlement le sens du texte latin.

P. DELPECH,
Supérieur du Séminaire des Missions Étrangères, Paris.

« *Soigner les lépreux est faire l'œuvre de charité par excellence ; ce n'est pas seulement une œuvre de miséricorde mais aussi un puissant moyen de faire connaître et aimer notre sainte Religion. De tout cœur je vous bénis vous, vos collaborateurs et toutes les personnes qui vous aident.* » (*Sa Sainteté LÉON XIII pendant l'audience en 1896.*)

« *Les personnes qui soutiennent cette œuvre vraiment humanitaire travaillent indirectement pour leur propre pays, parce que par là elles empêchent la lèpre d'envahir les contrées de l'Europe.*» (*Sa Majesté François-Joseph Ier pendant l'audience à Vienne, fin 1895.*)

PRÉFACE

A peine rentré en France, en 1895, j'ai offert cette
petite brochure aux âmes généreuses et vraiment
compatissantes aux grandes misères de l'humanité.
Toutes les classes de la société, depuis Sa Sainteté
Léon XIII et leurs Majestés d'Autriche et de Saxe
jusqu'à l'humble paysan et le pauvre ouvrier, ont
accueilli avec bienveillance ce modeste travail sur la
condition lamentable des pauvres lépreux en Birmanie.
C'est le divin Sauveur qui a inspiré cette sympathie pour
les malheureux auxquels Il a voulu être comparé. Que
les personnes charitables qui ont bien voulu répondre
à mon appel en faveur de ces déshérités du monde
trouvent ici l'expression de ma vive gratitude.

Pour répondre moi-même aux demandes nombreuses
qui me sont adressées de divers côtés, je publie cette
seconde édition. Quelques changements avantageux y
ont été faits. Ainsi l'appendice « Traitement Louis
Kuehne », n'offrant qu'un intérêt purement médical, a
été remplacé par un autre plus attrayant « Lettre des
petits lépreux de Birmanie aux enfants d'Europe qui ne
souffrent pas ». Le chapitre Iᵉʳ de la première édition devient ici le chapitre II et a été augmenté de
notices intéressantes sur deux nouveaux auxiliaires à
Saint-Jean, sur Frère Gabriel des montagnes du Tyrol et
sur Sœur Ida des hôpitaux d'Angleterre. Il y est parlé
aussi de l'audience que Sa Sainteté Léon XIII a daigné
m'accorder au commencement de l'année 1896 et des
six Sœurs franciscaines missionnaires de Marie devenues infirmières à Saint-Jean. Le chapitre I actuel est

tout nouveau et contient une description de la lèpre telle qu'un témoin oculaire, qui a vécu, pour ainsi dire, au milieu de la lèpre, seul peut la donner.

Au chapitre V il y a quelques mots sur l'importance sociale de l'Œuvre des lépreux, sur la première conférence scientifique internationale au sujet de la lèpre et les résolutions qui y ont été adoptées.

Le nombre des illustrations a été considérablement augmenté. Aux photogravures de la première édition ont été ajoutées les suivantes : Mgr Simon — Mgr Usse — Une famille de métis — Père Martin porté par quatre lépreux — Mgr Simon sur son lit de mort — Groupe d'enfants lépreux.

Puisse cette nouvelle édition atteindre le triple but que nous lui posons ! Qu'elle aille remercier nos bienfaiteurs et nous rappeler à leur bon souvenir ; qu'elle nous fasse connaître aux personnes charitables qui n'ont pas encore eu l'occasion de nous aider et nous recommande à leur bon vouloir, qu'enfin, avant mon retour au milieu des pauvres lépreux, elle me remplace auprès de tous pour leur exprimer mes meilleurs vœux et leur dire « *adieu* » pour ce monde et « *au revoir* » au ciel !

Paris, en la fête de la Toussaint,
le 1er Novembre 1897.

JEAN WEHINGER,
miss. apostolique.

A partir du mois de Décembre :

A la Léproserie " Saint-Jean "

A Mandalay, Birmanie Septentrionale (Asie),

Via Brindisi.

Jésus guérit un lépreux. — *Un lépreux vint à lui et l'adora en lui disant : « Seigneur, si vous voulez, vous pouvez me guérir. » Jésus étendit la main, le toucha et lui dit : « Je le veux, soyez guéri. » Et à l'instant sa lèpre fut guérie* (Matth., VIII, 1, 2, 3).

CHAPITRE I

RAVAGES DE LA LÉPRE EN BIRMANIE — DESCRIPTION DE LA LÈPRE
FONDATION DE LA LÉPROSERIE « SAINT-JEAN »

Mais quoi, dira plus d'un lecteur en voyant ce titre, est-il bien vrai que de nos jours il y ait encore des malheureux atteints de cette terrible maladie ? Sans doute, les livres parlent parfois de la lèpre, mais cette maladie a depuis longtemps disparu de la terre. Tout le monde a plus ou moins entendu parler de la lèpre ; mais personne assurément, personne n'a vu de lépreux ! Vous n'avez pas vu de lépreux ! C'est une bien grande grâce que le bon Dieu vous a faite. C'est donc que vous êtes né, que vous avez toujours vécu dans un pays depuis longtemps catholique, dans un pays témoin du passage de Jésus : de Jésus dans la personne de ses prêtres, de ses religieux et de ses religieuses ; de Jésus dans la personne de la sainte Église notre mère. Car partout où fleurit notre sainte religion, là passe Jésus ; et partout où passe Jésus, là passe la charité chrétienne, et sur son passage béni, à son tout-puissant contact, les douleurs de l'humanité s'endorment, les plaies des nations se cicatrisent, la lèpre disparaît à tout jamais.

Mais que de contrées où n'a pas encore brillé le flambeau de l'Evangile ! Par conséquent, que de contrées où la douce et divine charité chrétienne n'a pas encore pu faire son apparition avec son radieux cortège de joies, de consolations et d'espérances ! Que de contrées où mille maux, désormais inconnus chez les peuples chrétiens, la lèpre notamment, la hideuse lèpre, exercent impunément depuis des siècles leurs lamentables ravages ! De ce nombre est notre pauvre Birmanie, dans l'Indo-Chine. Dans ce seul pays, il y a en ce moment plus de 30.000 lépreux sans asile. On en rencontre à chaque instant, sur les chemins, dans les villages, près des pagodes, au milieu des marchés, pleurant, se lamentant, se tordant de désespoir en voyant leurs membres disparaitre rapidement, dévorés par leur terrible maladie. Pour donner une description adéquate du terrible fléau de la lèpre, il faudrait pouvoir montrer l'une de ses victimes. On s'expliquerait alors facilement la répugnance et l'instinctive répulsion qu'elle a de tout temps excitées parmi les hommes. A défaut d'un tableau vivant, quelques mots de description suffiront pour attirer l'attention du lecteur et émouvoir son cœur, bien que tout ce que nous pourrons dire ne soit rien à côté de la réalité, car où trouver des couleurs assez vives pour décrire un mal dont l'horreur défie toute description.

Voici un homme, un Birman, dans toute la fleur de l'âge, fort, robuste, vigoureux. Tout le monde admire sa fière prestance et fait l'éloge de sa florissante santé. Un jour, il a bu, par hasard, de l'eau d'une fontaine où un lépreux venait d'étancher sa soif ; il s'est assis un instant sur une natte où avant lui un lépreux avait reposé ses membres. C'en est fait de cet homme ; un malaise indéfinissable le saisit, une fièvre d'un nouveau genre le dévore ; à l'intérieur et jusque dans la moelle de ses os, il éprouve une sensation de chaleur insupportable tandis qu'à l'extérieur un froid intense l'envahit et le fait trembler. Après quelques semaines de cette sourde fermentation qui le mine, il sent ses pieds et ses

UN GROUPE DE FEMMES LÉPREUSES

mains s'engourdir, se paralyser. Une enflure de mauvais augure se produit, la peau devient violacée, tuméfiée, boursoufflée, toute parsemée de taches rousses. Ces

taches sont remplacées par d'énormes boutons. Ces
boutons dégénèrent en abcès. Les abcès percent, deviennent purulents et se transforment en plaies larges
et toujours croissantes dont l'odeur fétide vous suffoque
et dont l'aspect repoussant fait dresser les cheveux sur
la tête. C'est la lèpre !

La lèpre participe beaucoup de la nature du cancer,
du chancre, de cette redoutable maladie que la science
elle-même désigne sous le nom d'un loup insatiable et
dévorant, le lupus, *lupus vorax*. Mais c'est un chancre
d'une nature toute spéciale et on ne peut plus maligne.
Car au lieu de se produire, comme le simple cancer,
sur une partie quelconque du corps humain et de s'en
nourrir lentement, la lèpre se manifeste souvent partout
à la fois et réduit en peu de temps sa pauvre victime à
n'être plus qu'une affreuse plaie. Les chairs disparaissent
rapidement. Les joues, les lèvres, le nez, les yeux, rien
n'est épargné, et nous avons dans notre asile des infortunés dont la face n'est qu'un trou toujours béant d'un
aspect affreux. Le plus souvent, ce sont les extrémités
qui sont atteintes en premier lieu. Les phalanges des
doigts, n'étant plus unies et soutenues entre elles par la
peau et les muscles, tombent successivement. Les pieds
et les mains ne sont plus que d'informes moignons,
rongés par la lèpre, dévorés par les vers, envahis par
la gangrène et répandant au loin une odeur toute spéciale, une odeur très caractéristique, une odeur à part
qui rappelle toutes les mauvaises odeurs sans ressem-
bler à aucune ; odeur cadavérique et sépulcrale, odeur
de corps mort ; l'odeur de la lèpre enfin, odeur lourde et
épaisse presque insupportable aux lépreux eux-mêmes.

Les yeux à force de voir ces horreurs finissent par s'y
habituer dans une certaine mesure. Les mains qui, aux
premiers pansements, se sentaient invinciblement re-
poussées en arrière comme au contact d'un reptile

GROUPE D'HOMMES LÉPREUX

venimeux, les mains finissent par ne plus trembler. L'odorat, lui, ne s'habitue jamais. Après des années, on éprouve la même répulsion, le même dégoût, les mêmes nausées, le même haut le cœur à sentir cette innommable infection. Or, si la vue et le simple voisinage de la lèpre nous inspirent une si grande horreur, que doit-ce être, ô mon Dieu, que doit-ce être, de s'en voir la proie et la victime et sans espoir de guérison ! Pauvres lépreux ! Qui dira jamais la somme incalculable de vos souffrances ? Qui pourra jamais comprendre avant d'en avoir été le témoin oculaire, l'horrible martyre de votre longue agonie ? Pauvres, pauvres lépreux ! nos yeux se remplissent de larmes au souvenir de leur triste sort. Et l'on ne peut s'empêcher de trembler et de frémir en pensant à l'avenir des personnes qui les entourent. Car, pour comble de misère, ce mal, le plus affreux, est aussi le plus facile à se répandre. L'hérédité et la contagion, voilà les deux grandes pourvoyeuses de la lèpre. Pour un lépreux qui meurt, plusieurs le remplacent, tristes victimes de l'atavisme ou contaminés par une accidentelle ou imprudente communication. Et ainsi va augmentant de jour en jour le nombre des lépreux, de jour en jour se multiplient les foyers de l'horrible infection ; de jour en jour, plus abondantes et plus nombreuses deviennent les sources du fatal virus ; de jour en jour, s'élève, plus nourrie et plus retentissante, l'immense clameur de détresse et d'angoisse que poussent tant d'infortunés : *Miserere, miserere nostri !* Ayez pitié de nous !

Et autour d'eux pas un cœur ne fait écho à leur instante prière. Rien du côté des gouvernements ! Rien du côté de leur peuple ! Rien du côté des familles ! « Chacun pour soi, tant pis pour les malheureux ! » Voilà l'infernale devise de l'humanité païenne, de l'humanité égoïste et sans Dieu. *Væ victis !* malheur aux vaincus des armes ! *Væ victis !* malheur aux victimes de la misère, de la maladie, de la lèpre ! *Væ victis !* Tel est le résumé de la morale païenne, de la morale sans Dieu. Dans ce monde abominable du paganisme pas une émotion, pas un sentiment, pas une larme pour les malheureux. Pas une âme compatissante pour s'incliner vers la misère ! Pas un cœur qui batte à la vue des plus navrantes infirmités ! Souffrir et pleurer ! Pleurer et souffrir sans espérance jusqu'à son dernier jour et jusqu'à sa dernière heure : telle est du pauvre lépreux la destinée sans appel. *Væ victis !* Malheur aux pauvres lépreux !

Tel est le spectacle navrant qui s'offrait à mes yeux lorsqu'en janvier 1890 j'arrivai à Mandalay en Birmanie. Cette vue ne saurait manquer de toucher même les cœurs les plus durs et les plus indifférents. Pour apporter quelque remède à tant de maux, je désirais alors pouvoir établir à Mandalay un asile où les lépreux viendraient recevoir des soins. Je m'en ouvris à mon supérieur Mgr Simon de sainte mémoire. Ce pieux évêque m'écouta avec beaucoup de bienveillance et me dit, en soupirant, que j'exprimais là une idée qui, depuis plusieurs années déjà, le poursuivait lui-même. Nous nous mîmes donc à réfléchir sérieusement au moyen de réaliser nos désirs communs. Après deux ans de sacrifices de toutes sortes, la connaissance plus approfondie des souffrances des pauvres lépreux, loin de me décourager, n'a fait qu'agrandir mes désirs et accroître mon ambition. Mon rêve et je savais que mon rêve est pratiquement réalisable, mon rêve n'était plus seulement de secourir un nombre plus ou moins considérable de lépreux, mais encore et surtout d'en finir une bonne fois avec la lèpre. Pour y réussir nous n'avions pas de meilleure méthode à suivre que celle qui a été employée autrefois dans les contrées de l'Occident, méthode qui a si bien obtenu son but, qu'à part les savants, personne ne

se douterait aujourd'hui que le fléau ait jadis sévi parmi nous, si la preuve authentique et à la portée de tous
ne nous en était fournie par certains noms populaires
conservés jusqu'à ce jour dans la plupart des villes :
« Rue de la Maladrerie » — « Fontaine de la Maladrerie »
— « Quartier de la Maladrerie », etc. Cette méthode
consistait à combattre la lèpre dans ses deux causes prin-
cipales : la contagion et l'hérédité. La contagion en ou-
vrant des asiles aux lépreux pour les empêcher de pro-
mener librement leur misère et de semer partout sur
leur passage les redoutables germes de leur maladie :
l'hérédité, en créant des léproseries où les hommes vi-
vraient entièrement séparés des femmes, afin de rendre
impossible la constitution de ces malheureuses familles,
dont les descendants sont condamnés d'avance à servir
de victimes et de propagateurs à l'horrible fléau. Tel est
le programme que nous nous sommes posé. Il est vaste
et difficile. Mais sa nécessité étant manifeste, nous n'a-
vons pas hésité à en commencer l'exécution. L'avenir
dira que, pour le mener à bonne fin, nous n'avons pas
été téméraires de compter sur la générosité des hommes
de notre temps. Ainsi fut fondée la léproserie Saint-
Jean, à l'est de Mandalay.

C'est un vaste enclos au milieu de la campagne ; un
canal d'un côté pour les agréments de la pêche, quand
le soleil de mars et de mai n'a pas épuisé jusqu'à la
dernière goutte d'eau ; de l'autre côté un grand espace
que l'on pourra acquérir facilement quand les ressources permettront de s'agrandir. Çà et là de beaux
arbres, et tout autour la grande plaine ; enfin, pour
réjouir la vue, au loin se déroulent les sinuosités capri-
cieuses des montagnes « Chanes », dont les derniers
sommets se perdent dans les nues. L'enclos est divisé en
trois parties parallèles séparées par des barrières en
bambous. La partie du milieu qui est la plus petite

ENCLOS CENTRAL

MAISON   PUITS PRÉTENDU   CHAPELLE   CUISINE
DES PÈRES   DE GAUDAMA   ET SALLE DE PROVISIONS

comprend la chapelle, un puits et enfin, sur le dernier plan, la maison des Pères, la cuisine et la salle de provisions. A droite, se trouvent quatre grands et quatre petits bâtiments : ce sont les pavillons des hommes, la salle affectée à l'expérimentation de traitements spéciaux, la maison d'école pour les enfants lépreux et les trois maisonnettes pour isoler les malheureux arrivés au dernier stage de la maladie. Dans l'autre partie, en face, et symétriquement sont disposés quatre pavillons pour les femmes lépreuses, l'habitation des infirmières et le logement des métis (1). (Voir p. 21.)

La salle Cholmeley, deux pavillons dans la partie des hommes et le quatrième pavillon des femmes sont en maçonnerie, tout le restant des constructions est bâti sur des colonnes en bois de teck, avec planchers en bois, cloisons et toits en bambous. Elles sont donc bien primitives pour mériter le titre pompeux de pavillons. En France, on les appellerait simplement des cabanes.

La salle Cholmeley, ainsi appelée parce qu'elle est due à la générosité de M. Cholmeley, est sans contredit la plus belle partie de toute la léproserie. Les murs sont en briques, le pavé en dalles de pierre, et le toit en planchettes de teck. Elle est divisée en six chambres, par des cloisons en bois. Devant les chambres, il y a un couloir pour le service, et tout le long des murs sont creusés de petits canaux qui rendent le nettoyage de tout le bâtiment extrêmement facile. Dans l'avenir il faudrait toujours bâtir sur ce modèle. C'est bien aéré, simple, propre et élégant. Espérons que la salle Cholmeley verra pousser bientôt une série de rejetons à droite et à gauche. Toutes ces constructions sont bien aérées, et, grâce aux désinfectants, quoiqu'il y ait 150 lépreux, l'atmosphère est relativement peu viciée.

(1) Ce mot signifie ici né d'un blanc et d'une Birmane ou réciproquement.

Les dix lépreux. — *Ils élevèrent leur voix et lui dirent : « Jésus notre maître, ayez pitié de nous. » Lorsqu'il les eut aperçus, il leur dit : « Allez vous montrer aux prêtres. » Mais comme ils allaient, ils furent guéris* (St Luc, XIII, 13-14.)

CHAPITRE II

P. MARTIN — DEUX HUMBLES VOLONTAIRES — UN ERMITE — AUDIENCE DU SAINT-PÈRE — SIX SŒURS FRANCISCAINES — CHAPELLE — ADORATION PERPÉTUELLE — PUITS PRÉTENDU DE GAUDAMA.

Pour laver et panser les plaies de tant de monde, la divine Providence m'a donné un bien zélé collaborateur dans la personne du cher P. Martin. Je dois aussi des actions de grâces toutes spéciales au bon Dieu de ce qu'il a daigné inspirer à une bonne et pieuse dame française le dévouement et l'abnégation qu'il faut pour soigner les pauvres personnes rongées par la lèpre. Fortifiée par la bénédiction de Sa Sainteté Léon XIII, elle a courageusement abandonné tout ce qu'elle avait de plus cher, sa patrie, sa famille, pour venir, comme humble volontaire, diriger les hôpitaux des femmes lépreuses.

Cet esprit de sacrifice a eu son écho dans l'âme d'une infirmière des hôpitaux d'Angleterre. Avant d'entendre parler de la Léproserie Saint-Jean elle avait déjà fait un grand pas ; elle était revenue à la foi de ses Pères, de protestante elle était devenue catholique. Cette âme généreuse ne devait point s'arrêter là. Un jour, comme par hasard, la petite brochure sur les lépreux de Birmanie tomba entre ses mains. Le bon Dieu se servit de ce petit livre pour la déterminer à se donner tout entière corps et âme à Jésus dans la personne des plus malheureux parmi les malheureux, dans la personne de ceux auxquels le Divin maître a voulu être comparé, *tamquam leprosus*, dans la personne des pauvres lépreux. Cette infirmière, maintenant sœur Ida, fait à la léproserie, tant par son dévouement que par son habileté dans l'art de soigner les malades, l'admiration de tous ceux qui ont occasion de l'observer.

Dans les montagnes du Tyrol vivait un pieux solitaire qui, après avoir quitté les hommes, avait consacré le reste de ses jours à prier pour eux. Loin du monde, l'ermite avait trouvé cette paix, que donne l'amitié du bon Dieu. Après avoir bâti de ses mains une petite chapelle et une cellule pour son usage, il partageait son temps entre la prière, l'étude et le soin des malades. Il était connu et vénéré dans le pays sous le nom de Frère Gabriel. Les habitants, attirés par son genre de vie un peu extraordinaire, sa grande bonté et le charme de sa conversation, venaient souvent le visiter. Un jour, des touristes étrangers vinrent frapper à sa porte. La conversation roula d'abord sur la beauté du site. L'ermitage offrait en effet un aspect des plus pittoresques. Situé au sommet d'une colline, il dominait toutes les vallées verdoyantes des alentours, et au loin les chaînes des Alpes présentaient aux yeux du voyageur le spectacle imposant de leurs neiges éternelles. Le solitaire pouvait parler en connaisseur des charmes de sa retraite, il l'habitait depuis huit ans. En causant, il en vint à parler de ses attraits pour le soin des malades et pour la médecine. Un voyageur s'empresse de sortir de sa poche une petite brochure qu'il lui présente, en lui demandant s'il en avait déjà connaissance. C'était un exemplaire en langue du pays de ma brochure « Mes Enfants Lépreux ». L'ermite n'en avait jamais entendu parler ; sur sa demande, on lui en lut quelques passages qui l'intéressèrent vivement. Il pria ses visiteurs de vouloir bien lui laisser la petite brochure, promettant d'ailleurs de la leur renvoyer dès qu'il l'aurait entièrement lue.

A cette lecture, les plaintes de tant d'infortunés, privés de tout secours sur une terre païenne le touchèrent si vivement, qu'il résolut de quitter sa chère solitude pour se dévouer tout entier à eux. Il en parla à un prêtre éclairé, le Père Abbé du couvent des bénédictins situé dans la vallée voisine. Ce digne prélat, après l'avoir longtemps éprouvé, après avoir essayé même de le dissuader, lui permit enfin de mettre son désir à exécution. Persuadé de la solidité de cette vocation, il eut la bonté de m'écrire me recommandant le Frère Gabriel et m'engageant fortement à le recevoir pour soigner les lépreux. J'ai été heureux de suivre ce conseil, parce que les vertus du pieux prélat, si vénéré dans tout le pays, sont pour moi une garantie de celles de son protégé. Frère Gabriel sera donc mon compagnon de route pour la Birmanie.

Voilà de bien beaux exemples ; tout le monde en conviendra et plus d'un lecteur éprouvera le désir de les imiter, d'aller aussi servir le bon maître dans la personne de ceux qui le représentent si bien dans ses souffrances sur la terre. Mais bien des obstacles s'opposent à la réalisation de ce désir ; ici ce sont des infirmités, là des devoirs de famille, ailleurs mille autres raisons qui les empêchent de suivre leur attrait. Mais s'il y a des raisons pour ne pas s'acquitter personnellement de cet office de charité, il peut y avoir autant de mérite à s'y faire remplacer. Une excellente occasion vient d'en être donnée. Dans l'audience que le Saint Père Léon XIII a daigné m'accorder au commencement de l'année 1896, il m'a manifesté le paternel intérêt qu'il porte à notre Œuvre. Il l'a bénie ainsi que tous nos bienfaiteurs et coopérateurs. Sa Sainteté a ajouté que nous n'étions pas assez nombreux pour soigner tant de lépreux et m'a dit que des sœurs étaient absolument nécessaires dans un établissement de cette importance. La Providence s'est chargée de commencer de suite la réalisation de ce désir du Père commun des fidèles. En effet, le lendemain même, la très Révérende Mère générale des sœurs franciscaines missionnaires de Marie s'est offerte de me donner six sœurs à des conditions vraiment favorables. La Maison-Mère fournit le linge et les vêtements des sœurs; je n'ai qu'à subvenir aux frais de leur nourriture.

Les dépenses, ainsi limitées, monteront cependant à 300 fr. par an et par sœur, par conséquent 1,800 fr. pour les six. Jusqu'ici l'entretien de deux sœurs est assuré. Pour les quatre autres, il faudra que le bon Dieu suscite à l'Œuvre des protecteurs et protectrices qui, considérant que les pauvres lépreux sont les véritables membres souffrants de Notre-Seigneur, et désirant soigner le Divin Sauveur dans la personne même de ces pauvres, veuillent se faire remplacer dans cet office par une bonne sœur ou par un frère dont ils se chargent de l'entretien.

J'ai mentionné notre chapelle; mais que faut-il entendre par là? Hélas! c'est un bâtiment bien pauvre, du style le plus simple du monde. Les murs sont en vieilles planches de teck, rafraîchies par le rabot; les colonnes sont des piquets pas même équarris; la voûte, c'est tout simplement le toit. Bref, malgré le bonheur qu'auraient les lépreux de posséder le Saint-Sacrement dans leur chapelle, malgré les demandes

ENCLOS DES HOMMES

MAISON D'ÉCOLE   PAVILLON   MAISONNETTES POUR ISOLER   PAVILLON   SALLE CHOLMELEY
SOUS LES MANGUIERS   LES MAUVAIS CAS

ENCLOS DES FEMMES

PAVILLON   PAVILLON   HABITATION   PAVILLON EN CONSTRUCTION   LOGEMENT
DES INFIRMIÈRES   DES MÉTIS

réitérées que nous avons faites conjointement avec eux, pour obtenir cette grande faveur, Mgr Simon n'a pas jugé à propos de l'accorder. L'abri est trop misérable.

Son digne successeur, Mgr Usse, m'a fait également bien des objections, quand, en la fête de saint Jean, le disciple bien-aimé et Patron de l'Asile, je lui ai demandé cette grande faveur. « Pendant que le Père combattra dans la plaine, soit qu'il traverse les mers, soit qu'il parcoure les divers pays de l'Europe, tendant partout la main pour nous assurer la subsistance, nous désirons prier sur la montagne, sur le Thabor devant le tabernacle du Très-Haut. » Ainsi fut unanimement appuyée ma demande par tous les lépreux. Et le bon évêque, ému de constater tant de foi, de ferveur et de gratitude chez ces déshérités du monde, accéda à ma prière, mais pour un temps seulement, jusqu'à mon retour en Birmanie. Et si alors je n'apporte pas avec moi les moyens suffisants pour élever au bon Dieu une demeure plus convenable, plus digne de Jésus-Eucharistie, tous, lépreux et Pères des Lépreux, nous perdrons la consolation de Le posséder au milieu de nous. Comment mieux profiter de la faveur temporaire qu'on venait de nous accorder, sinon en instituant l'*Adoration perpétuelle ?* Chaque demi-heure quatre lépreux se succèdent donc pour adorer le Saint-Sacrement, le supplier de bénir notre Mission, mon voyage en Europe et de combler de grâces tous nos bienfaiteurs. Le bonheur qu'ils éprouvent leur fait oublier leurs souffrances.

Il n'y a qu'un point noir à l'horizon, c'est la pensée que l'an prochain peut-être Jésus ne sera plus au milieu d'eux ; car ils savent que la permission de Monseigneur est conditionnelle.

Si quelque âme grandement éprise de l'amour de notre Sauveur au tabernacle était en peine de procurer des adorateurs, des consolateurs au divin Prisonnier,

voici un moyen certain de réaliser ses désirs : qu'elle
fasse la promesse de construire une chapelle conve-

BIRMAN EN ÉTAT DE SANTÉ TEL QU'ON LES VOIT TOUS LES JOURS

nable, et nous sommes sûrs du triomphe. Le divin
Maître pourra établir une demeure permanente au

milieu de ses amis, au milieu de ses lépreux, succes-
seurs de ceux qui s'empressèrent autrefois sur son
passage en criant de toute leur force quand ils ne pouvaient approcher le Sauveur : « Jésus, Fils de David,
ayez pitié de nous ! » et que le Fils de David ne jugeait
pas indignes de ses bienfaits. Je lui promets, à ce bienfaiteur, que son nom sera béni parmi nous à jamais.

En sortant de la chapelle, nous n'avons que quinze
ou vingt pas à faire pour arriver au puits. Arrêtons-
nous-y un moment, rien que le temps de raconter une
anecdote que vous trouverez peut-être intéressante.

L'eau est un élément nécessaire à la vie ; or, quand
nous prîmes possession de notre terrain, nous n'avions
que l'eau du canal, bourbeuse et malsaine. Il fallait
donc chercher une autre source pour étancher la soif.
Je me pris à désirer la verge de Moïse, ou le secours
de Celle qui indiqua à Bernadette l'endroit où il
fallait creuser pour en faire jaillir une fontaine pure.
A défaut de toute autre indication, je choisis l'endroit
le plus commode, le plus à portée de tous et j'ordonnai
de creuser un puits. Dans mon cœur, je suppliais le bon
Dieu de diriger la veine liquide sous la bêche de l'ouvrier. Les premiers jours rien n'apparaît. Les gens du
village voisin, informés de ma tentative, viennent voir
nos travaux, ils les considèrent avec quelque pitié et
s'en retournent en disant : « Voilà un Européen qui
veut perdre son temps et son argent. A-t-on jamais
ouï dire qu'il y eût de l'eau à cet endroit ? »

Des bonzes vinrent aussi en groupe ; des bonzes qui
habitent une bonzerie à quelque distance de la léproserie, et naturellement ils vinrent pour se moquer de
moi et de ma folie. Le premier d'entre eux en dignité,
qu'ils appellent leur évêque, daigne me donner quelques
conseils. « Croyez-moi, me dit-il, vous pourriez creuser
jusqu'au centre de la terre sans trouver une goutte

d'eau. Jamais ici, et dans les environs, on n'a pu trouver de source, et s'il y en avait quelqu'une, ne pensez-vous pas que nous, bonzes de Gaudama, nous l'aurions

MONSEIGNEUR SIMON
† le 20 juillet 1893

découverte? » Je laissais dire mon aimable conseiller, et tout en le remerciant de ses sages avis, je poursuivis mon entreprise.

Au cinquième mètre, la terre était humide, au sixième le liquide se mit à monter, et il fallut s'empresser de bâtir. Depuis lors, notre puits a fourni de l'eau non seulement pour les centaines de lépreux qui se sont réfugiés dans notre hôpital, mais aussi pour tout le village voisin, et cette eau est claire comme le cristal et d'une excellente qualité.

L'évêque bouddhiste, entouré de son clergé, revint quelques jours après pour vérifier ses prédictions, et peut-être aussi, pour jouir du désappointement du pauvre bonze européen.

Jugez de son étonnement, quand il vit le succès de mon entreprise. Cependant la foi qu'il avait en sa science profonde et en ses prophéties ne fut pas ébranlée le moins du monde; mais, s'approchant de moi avec bienveillance et respect, il me dit : « Vous êtes un saint, et je vois bien que dans quelqu'une de vos vies antérieures, vous avez dû donner un verre d'eau à Gaudama altéré, quand il voyageait sur la terre; vous recevez votre récompense maintenant. Je puis vous prédire que dans vos transmigrations futures, votre âme n'ira jamais loger dans le corps d'un chien. » Merci ! lui répondis-je en souriant, et il partit me laissant tout consolé par la perspective de devenir plus tard un bœuf, un âne ou un dindon, qui sont plus nobles, paraît-il, que les individus de l'espèce canine. Je remerciai le bon Dieu de m'avoir si bien inspiré et j'en pris occasion pour renouveler ma provision de courage, afin de bien continuer cette œuvre des lépreux qui me tient tant au cœur.

En continuant notre marche après le puits, nous arrivons à la maison qui nous sert d'habitation, au P. Martin et à moi. C'est une maison birmane ordinaire, qui est en même temps le dispensaire pour les médecines et une décharge pour tout le reste. Elle est à moitié voilée

par un rideau de bananiers qui lui donne une nuance
poétique ; les manguiers étendent au-dessus leurs
branches comme des bras protecteurs, et présentent

QUELQUES MAUVAIS CAS

quelquefois leurs fruits jusqu'à la portée de la main,
près de la fenêtre. Je dirais que c'est un séjour enchan-
teur, si je ne craignais d'être accusé de partialité ou
d'exagération.

Un des dix lépreux vient rendre grâces à Jésus. — *L'un d'eux, voyant qu'il était guéri, retourna sur ses pas, glorifiant Dieu à haute voix, et il vint se jeter aux pieds de Jésus pour lui rendre grâces (St Luc, xvii, 15 et 16).*

CHAPITRE III

Vie des lépreux.

LE LÉPREUX EN DEHORS DE LA LÉPROSERIE — ARSENIC — LE LÉPREUX A LA LÉPROSERIE — EXERCICES DE LA JOURNÉE — PÈRE MARTIN SUR SON PAVOIS — FÊTE DE FAMILLE — PÈRE ANTONY — MONSEIGNEUR USSE — DANSE A LA LÉPREUSE.

Le lépreux a toujours été un objet de répugnance parmi les hommes ; mais c'est surtout parmi les peuples païens que son isolement devient pénible et quelquefois affreux. Un jour que le P. Martin faisait sa tournée ordinaire pour visiter en ville les lépreux qui n'ont pu trouver place chez nous, il passa devant une maison de belle apparence dont les habitants menaient joyeuse vie. Tout y dénotait une large aisance, et pourtant sous la maison, soutenue par des colonnes de bois, un pauvre lépreux, à moitié nu, gisait sur la terre humide. Ses plaies, qu'il était incapable de laver, exhalaient une odeur fétide, et jamais une main amie ne venait soulager ses douleurs, jamais une parole d'affection ne venait

lui apporter un peu de courage. Souvent même, on
oubliait là-haut, à l'étage, de lui tendre ou de lui jeter

GROUPE DE TROIS FEMMES MALADES

en bas le riz quotidien : et ceux qui vivaient au-dessus
de ce malheureux, c'étaient ses enfants.

Un autre jour, comme j'implorais une aumône :
« Volontiers, je vous paierais de l'arsenic pour vos
lépreux », me dit en riant celui à qui je m'adressais, un
homme de la bonne société pourtant, et honnête selon
le monde, mais sans charité. Il ne laissa pas de me
donner son obole, peut-être un peu comme l'ami dont
parle Notre-Seigneur, pour se délivrer d'un importun ;
mais cette parole exprime exactement les sentiments
qu'inspire la vue des lépreux à tous les cœurs où
n'habite pas la charité chrétienne. Aussi le lépreux,
devenu un objet d'aversion, est-il souvent un être
dégradé. Il arrive peu à peu à se considérer comme d'une
espèce maudite, comme indigne d'approcher des hommes, et perd tout sentiment de sa dignité. Pauvre âme
faite à l'image de Dieu, comme la voilà ravalée, à cause
des infirmités du corps qu'elle vivifie.

Maintenant, venez le voir, je vous prie, ce même
lépreux, dans notre famille de Saint-Jean. Il a déjà
passé trois ou quatre mois au milieu de nous. Chaque
jour, il a reçu des soins empressés, maternels. D'abord,
il ne s'est soumis à ces soins qu'avec défiance, bientôt il
passe à l'étonnement, puis un souffle de surnaturel
venant à faire tressaillir l'intime de son cœur, il a com-
pris pour la première fois qu'il y a autre chose que le
corps et les richesses matérielles de la terre. De nouveau il a ressaisi son être humain, il s'est souvenu qu'il
est homme. Et alors son cœur s'épanouit à la joie, à la
reconnaissance, à tous les sentiments qui ennoblissent
l'âme, qui la font grande et capable de dominer un
océan de tribulations. Que d'exemples édifiants j'aurais
à citer ! que de joies et de consolations à raconter ! Je
n'en dirai qu'un (chap. IV), un bel exemple vraiment,
celui de Saya-Mia, l'apôtre de notre hôpital ; mais auparavant, un mot, pour dire la façon dont s'opèrent ces
transformations, ne sera pas déplacé ici.

Évidemment, chacun conserve la plus entière liberté relativement à l'affaire de sa conversion. Souvent il y en a qui restent plusieurs semaines avant de se décider

LE PÈRE MARTIN PORTÉ PAR QUATRE LÉPREUX

à jeter les yeux sur un catéchisme, mais le milieu dans lequel ils se trouvent, les spectacles touchants qu'ils ont continuellement sous les yeux, les soins assidus dont ils sont l'objet, les exercices spirituels auxquels ils peuvent assister et qui piquent leur curiosité, la tranquillité qu'ils lisent sur le visage de ceux qui sont déjà chrétiens, ne peuvent manquer d'exercer sur les nouvelles recrues une influence qui peu à peu devient victorieuse de toutes les résistances. Les convertis vivent à peu près comme dans une communauté religieuse, avec cette différence que chacun s'astreint librement à la règle des exercices.

Le matin, après le lever, vers six heures, on se rassemble à l'église pour faire la prière et entendre la sainte messe. Puis le Père, dans une conférence familière, donne quelques explications de la doctrine, et cela tient lieu de méditation. Ensuite vient la visite des salles. Le P. Martin et les Sœurs infirmières ont bien de l'occupation pendant les quelques heures qu'ils passent là tous les jours. Ici, c'est un pansement très délicat, très long à opérer, des plaies véreuses à assainir; là, des médecines à distribuer; plus loin, une petite brouille à dissiper, une petite rixe à calmer entre deux voisins que l'âge et les infirmités ont rendus un peu hargneux; autre part, une gronderie à faire en fronçant le sourcil, parce que la propreté n'est pas assez bien observée dans ce coin; et ainsi de suite dans la dizaine de salles. Cette visite est un grand appoint d'ordre et de bonheur dans la communauté.

Aussi le personnel infirmier, qui a fait une provision incroyable de zèle et de patience, ne la néglige jamais, même quand les raisons les plus graves sembleraient l'en dispenser. Si pourtant survient une fièvre intense ou un grave accident qui cloue les visiteurs sur leur couche, il faudra bien que les chers lépreux se passent de leur visite ce jour-là! Eh bien, non! Un jour, à la suite d'une chute douloureuse, les jambes du P. Martin avaient été condamnées à l'immobilité la plus complète. Que faire? Quatre lépreux des moins estropiés arrivent, munissent

MONSEIGNEUR ANTOINE-MARIE-JOSEPH USSE

Vicaire apostolique de la Birmanie septentrionale

une chaise de longues barres, et ce jour-là, le bon Père, fier comme un vieux roi franc sur son pavois, fit sa tournée au milieu de l'hilarité générale, porté sur les épaules un peu chancelantes de ses enfants (V. p. 31).

A dix heures, dîner général, précédé et suivi de la prière. Il en faut du riz, pour toute cette famille, et quelquefois nous sommes bien en peine pour savoir ce qu'on pourra leur donner le lendemain.

Après le riz, les discussions politiques et religieuses. Il y a dans la partie la plus reculée de l'enclos, tout près du canal, un endroit frais, agréable, magnifiquement ombragé par de grands manguiers à l'épais feuillage. C'est là qu'on se rassemble, pour conférer de toutes choses, et spécialement de doctrine chrétienne. Le catéchiste est présent pour répondre aux questions, éclaircir les doutes, affermir la foi.

A trois heures, le tam-tam (1) annonce le chapelet, à la récitation duquel presque tout le monde se rend, si on en excepte ceux qui sont absolument invalides. De jour en jour l'enceinte de notre chapelle devient de plus en plus insuffisante. Après le chapelet, la prière du soir en usage en Birmanie, suivie du chant de quelques cantiques; car les lépreux aiment le chant. Ils l'aiment peut-être plus que d'autres classes d'hommes, et les nôtres y participent tous, soit qu'ils fassent ainsi un peu diversion à leur misère, soit plutôt parce qu'ils ont besoin d'exprimer leur joie. Enfin, l'on termine par l'*In manus tuas, Domine* au ton grave, solennel et un peu empreint de mélancolie. L'âme éprouve un sentiment de joyeuse consolation, de profonde confiance, en remettant dans les mains du Père qui est au ciel, sa fragilité, son amour, ses misères, ses aspirations infinies.

L'exercice a duré bien plus d'une heure, car les for-

---

(1) Sorte de cymbale.

mules de prières sont fort longues en langue birmane,
mais n'allez pas demander à quelqu'un des assistants
s'il est fatigué de la cérémonie : il vous regarderait avec
des yeux ébahis, et ne comprendrait pas votre question.
Généralement, les Orientaux ne trouvent pas le temps
long à l'église, et nos lépreux, malgré leur condition
d'infirmes, soutiennent leur dévotion et leur ferveur
jusqu'à la fin.

Chaque dimanche il y a grand'messe, et chaque
vendredi, chemin de la croix solennel. Dernièrement un
confrère, qui était venu présider cet exercice, ne pouvait
s'empêcher de me faire part de ses impressions : « Que
c'est beau et touchant! disait-il. Heureux lépreux qui
portez la croix avec Jésus, et qui avez le bonheur
d'aimer cette croix, chantez donc maintenant de tout
votre cœur, car vous chanterez les bienfaits de vos
misères pendant toute l'éternité! » Les visiteurs disent
qu'il y a quelque chose de spécialement attendrissant
dans ces chants; on entend bien quelques voix éraillées,
quelques vieux gosiers qui sonnent faux comme du
parchemin; mais on sent que l'accord est plus profond,
que tous les cœurs sont unis aux pieds du divin Maître.
Les enfants de parents lépreux, pour la plupart lépreux
eux-mêmes, chantent aussi, et leur voix fraîche, aiguë,
ajoute une note gaie à l'ensemble.

Dans la soirée, nos pensionnaires peuvent se livrer à
diverses fantaisies de leur goût. Les uns tressent de
petites corbeilles, d'autres font de la culture ou de la
menuiserie, les artistes font de la peinture ; quelques-
uns préfèrent confectionner un éventail ; plusieurs
vont prendre du poisson dans le canal ; beaucoup
s'occupent de cuisine, recueillent des herbes, des feuilles
de tamarin, des épices, qui servent à varier un peu le
menu; quelques autres enfin, et ce ne sont pas les plus
mal avisés, aiment mieux réciter leur chapelet. De ces

derniers est toujours notre héros Saya-Mia, dont je raconterai l'histoire plus loin (Ch. IV).

A cinq heures ou cinq heures et demie, a lieu le repas du soir, puis chacun se prépare à passer une bonne nuit; on entend çà et là des prières qui montent encore vers le ciel.

J'ai dit que la monotonie de ces journées était rompue de temps en temps par la solennité des fêtes, ou quelques exercices particuliers. Il faut ajouter à cela le charme des visites des protecteurs de l'établissement. Une de celles qui nous font le plus de plaisir, qui donne lieu à une vraie réjouissance publique, c'est la visite de notre évêque bien-aimé, Mgr Usse.

Avant son élévation à l'épiscopat, Mgr Usse était un des plus assidus visiteurs de la léproserie. Quand ses occupations, qui étaient nombreuses et pénibles, lui laissaient quelques heures, il venait les passer chez nous; il faisait sa tournée dans les hôpitaux, encourageait les souffrants, disant une de ces paroles dont il est si fécond, faisait briller un peu de joie dans les cœurs les plus tristes, en un mot dépensait les trésors de son bon cœur. On le connaissait sous le nom de P. Antony. Si vous vouliez entendre son éloge, vous n'auriez qu'à interroger un lépreux quelconque à son sujet; il en aurait pour longtemps à vous énumérer toutes les qualités du bon Père.

Comme on le pense bien, la plénitude du sacerdoce n'a pas diminué les vertus de notre bien-aimé Père et Évêque, non plus que le respect et l'affection dont l'entourent nos pauvres infirmes. Sa Grandeur profita du premier moment libre, après son sacre, pour annoncer à ses chers enfants qu'il serait désormais, et de par Dieu, le Grand-Père de toute la famille. Il fallut imaginer quelque chose d'extraordinaire pour la circonstance, de grandes décorations en papier et en feuilles d'arbres, de longs compliments en poésie birmane : des chants, et enfin pour couronner le tout, une danse, une danse à la birmane et à la lépreuse ; des rondes où des

UNE FAMILLE DE MÉTIS LÉPREUX

tronçons de pieds frappaient la terre, où la cadence était difficilement gardée par ces maigres jambes boiteuses ; des rondes telles qu'on se les figure dans les tragédies lugubres, mais avec cette différence que la

joie était partout. Ceux même qui ne pouvaient bou-
ger, trouvaient des forces pour ce jour-là, et on put
faire remarquer gracieusement que l'on avait vu des
perclus marcher comme autrefois à l'arrivée de Notre-
Seigneur dans les villes de la Judée. Quel beau jour
pour nous tous ! Monseigneur était radieux. Il contem-
plait avec amour cette portion de son troupeau, peut-
être la plus chérie, parce qu'elle est la plus misérable.

Je me garderai bien d'oublier que ce jour-là Sa
Grandeur ne vint pas seule. Mgr Usse était accompa-
gné, dans sa visite, de Mgr Cardot, vicaire apostolique
de la Birmanie méridionale, qui, en prenant la succes-
sion de Mgr Bigandet, avait aussi hérité de la précieuse
sympathie dont l'illustre évêque avait entouré notre
œuvre. Et tous les missionnaires de la Haute-Birmanie
formaient autour des deux prélats une magnifique couronne.

Peu de temps auparavant, Mgr Gasnier, évêque de
Maacca, était venu, lui aussi, apporter sa bénédiction
aux lépreux de Saint-Jean.

Oui, nous l'espérons, la bénédiction de Sa Sainteté
Léon XIII, celle de notre vicaire apostolique, celle des
vénérés prélats, qui, malgré les soucis multiples de
leur propre vicariat, s'intéressent avec tant de bienveillance à notre chère œuvre, nous sont une garantie de la
bénédiction du bon Dieu. Nous ne serons pas obligés
de refuser le pain à nos pauvres réfugiés, nous allons
sortir de ces angoisses, où nous plongent les soucis du
présent et de l'avenir. Nous pourrons enfin ouvrir nos
bras grands et larges à tous ces milliers de malheureux que leur sort, tout de souffrance et d'abjection,
prépare si bien à la grâce et à la régénération spirituelle. O vous qui avez reçu de Dieu les dons de la fortune, veuillez penser que vous pouvez facilement peupler
le ciel d'élus !

Le Bon Samaritain. — *Mais un Samaritain qui voyageait, étant venu à l'endroit où était cet homme, et l'ayant vu, en fut touché de compassion. Il s'approcha donc de lui; il versa de l'huile et du vin dans ses plaies, les banda* (Saint Luc, x, 33-34).

CHAPITRE IV

Saya-Mia, le sorcier.

SON DÉVOUEMENT — SON ORATOIRE PRIVÉ — MARTYRE MANQUÉ —
SA RENOMMÉE DE SORCIER — SES PRÉDICATIONS

Voyez-vous ce malade qui, parmi tant d'autres se livrant à diverses occupations selon leur goût, égrène pieusement son Rosaire? C'est Saya-Mia.

Saya-Mia a toujours beaucoup de chapelets à dire. D'abord, il faut qu'il paie sa dette de reconnaissance aux bienfaiteurs; à Monseigneur, qu'il vénère de toute son âme; aux Pères qui lui ont fait tant de bien; il faut ensuite qu'il remplisse ses promesses; qu'il pense à ceux qui se sont recommandés à ses prières, et Saya-Mia, en généreux qu'il est, n'aime pas à donner par petite monnaie; il va par compte rond; il récitera donc un chapelet pour chacun; ainsi il a de la besogne pour toute la soirée.

De plus, il a bien d'autres soins encore; c'est lui, par exemple, qui ira le premier parler au nouveau venu de la religion, du bonheur qu'elle procure, de la nécessité qu'il y a pour chacun de l'embrasser ; il trouvera tant d'arguments dans son cœur que, nécessairement, le nouveau 'sciple désirera entendre les leçons du catéchiste.

Saya-Mia pa. ourt les salles tous les jours après le Père. Faut-il achever de préparer un moribond au dernier voyage ? C'est toujours Saya-Mia qui se chargera de ce soin ; il sait le prix d'une âme ; il ne quittera pas un seul moment le pauvre agonisant ; il restera là à son chevet, le jour, la nuit, suggérant des invocations, égrénant son rosaire avec une ferveur angélique, jusqu'à ce que la porte de l'éternité se soit refermée après le passage de l'âme qui vient de s'envoler. Il ira alors porter la nouvelle au Père. Si l'événement a lieu pendant la nuit, le respect qu'il professe pour le prêtre ne lui permettra pas de le réveiller en l'appelant, et il usera d'un subterfuge pour résoudre la question. A genoux sur le dernier degré de l'escalier, il récitera tout haut les prières pour le défunt, jusqu'à ce que le son de sa voix arrive aux oreilles du Père. Ce respect de Saya-Mia pour le prêtre, il le manifeste en toute occasion ; il se mettra d'abord à genoux pour répondre quand il est interrogé, ou pour recevoir un objet quelconque. C'est à genoux seulement qu'il osera saluer ou présenter une requête.

Dernièrement, il voulait obtenir une Vie de Notre-Seigneur ; car notre homme est savant. Il connaît sa langue maternelle comme un lettré, et il fait sa lecture spirituelle tous les jours, comme un religieux, ainsi que ses examens de conscience et sa méditation. Il guetta donc l'arrivée d'un visiteur dont il n'avait encore rien reçu, se prosterna devant lui, et joignant autant que faire se pouvait, ses tronçons de mains, il lui promit un chapelet en échange du livre désiré. Comment notre

SAYA MIA

hôte aurait-il pu résister aux charmes d'une si aimable simplicité ? A la visite suivante il apporta le précieux ouvrage et en outre un élégant petit crucifix pour mettre à la place d'honneur dans l'oratoire privé de notre lépreux. Vous ne soupçonniez peut-être pas l'existence d'un oratoire dans la chambrette de Saya-Mia ? Cela ne rentre-t-il pas exactement dans le caractère de sa piété ? En tout et toujours, Saya-Mia semble penser au bon Dieu. Un beau jour il s'empare d'une colonne en papier à moitié brisée, qui avait servi à la décoration d'une fête. Il en raccommode les lambeaux, et les plante comme un trône près de la cloison de son logis ; il place dessus l'image de notre Sauveur et accumule alentour toutes les images pieuses qu'il a pu se procurer. Il pourra désormais fixer son regard et ses soupirs sur l'objet de son amour, quand il multipliera ses oraisons jaculatoires à domicile. Le visiteur en question, en jetant un regard enchanté sur le petit sanctuaire, avait remarqué qu'il y manquait le principal ornement, et s'était promis d'y pourvoir. Maintenant la croix est sur son petit trône, une élégante croix avec son Christ argenté, mais elle est bien plus sur le trône du cœur de ce chrétien. Elle y commande, et ce cœur simple et fervent lui obéit, et elle dispose en maîtresse de sa volonté. Le lépreux embrasse sa lèpre avec la joie de l'avare qui presse son trésor. « J'ai été un grand pécheur, dit-il souvent, en racontant sa vie passée, sa vie de sorcier (car il exerçait cette lucrative profession avant d'être chrétien), et mes péchés ne seront jamais assez expiés par mes souffrances ! » Et jamais un murmure ne sort de sa bouche.

Saya-Mia est vraiment une bénédiction pour notre maison. J'ai dit quelques traits de son humilité, de sa piété et de son dévouement ; mais je n'en finirais pas si je voulais vous exposer tout ce que fait Saya-Mia, pour procurer aux autres et surtout aux lépreux ses compagnons de misère, le bienfait de la foi. Je l'ai vu sortir par la ville, quand ses plaies étaient suppurantes, quand ses pieds, rongés par la maladie, laissaient à chaque pas des traces de sang; je l'ai vu courir plusieurs kilomètres pour aller exhorter un pauvre mourant, au risque de tomber lui-même au milieu de sa course.

Il éprouva une fois un profond regret; ses plaies l'avaient réduit à un état pitoyable, les articulations des pieds et des mains tombaient l'une après l'autre; la marche lui était devenue impossible, et il fut obligé de confier le soin d'une visite chez un lépreux de la ville, à un de ses compagnons d'hôpital, fervent converti lui aussi. La chaleur était brûlante et le ciel sans nuage, et il arriva que l'envoyé de Saya-Mia tomba mort sur la route, frappé d'un coup de soleil. « Ah! j'ai manqué mon coup, s'écria notre lépreux en apprenant l'événement, et cela par ma négligence. J'ai perdu l'occasion de devenir martyr du dévouement. Il m'a volé ma couronne! » Et il gémissait sur son indignité, sur ses nombreux péchés.

Vous pensez sans doute que Saya-Mia est un vieux chrétien, qu'il s'est formé à ces vertus et à ces sentiments par une longue pratique de prières, de méditations et de pénitences. Non! la grâce du bon Dieu n'a pas besoin de tant de détours. Il semble qu'elle a travaillé sur ce sujet d'élite un peu comme autrefois sur l'apôtre des Gentils. Il y a seulement deux ans et quelques mois que Saya-Mia a reçu le baptême. Dès le commencement il montra ce que la grâce avait opéré dans son âme. On nous envoyait un lépreux de Shwebo, un cas désespéré, horrible, le plus horrible que j'aie vu; tout le corps n'était qu'une plaie, et il s'en dégageait une telle puanteur, que les lépreux eux-mêmes venus à l'entrée de l'enclos pour recevoir ce nouveau frère, s'enfuirent à son approche. Seul Saya-Mia resta à côté du Père, vint au malheureux sans montrer aucun signe de dégoût, le reçut dans ses bras, déploya pendant quelques heures les soins les plus minutieux pour nettoyer, laver, purifier chacune de ses plaies, et ne se retira qu'après l'avoir mis dans un état convenable. Chaque jour il renouvela patiemment ses bons offices jusqu'à la mort de son protégé. Avant le baptême, il faisait le métier d'extorquer de l'argent à ceux qui venaient lui demander des nouvelles de l'avenir. Assis majestueusement sur un siège cabalistique, il questionnait d'une façon inspirée, et d'une façon plus inspirée encore faisait des prophéties que l'avenir apparemment ne manquait jamais de réaliser. Maintenant il révèle volontiers, à ceux qui veulent l'entendre, les secrets de sa science, qui naturellement se réduisait à une habile jonglerie.

Sa renommée de sorcier était si bien établie que, même aujourd'hui, de pauvres gens viennent le trouver pour qu'il leur donne l'explication de leurs malheurs ou qu'il leur annonce des prospérités futures. « Oui, mes chers amis, leur dit-il maintenant, si vous voulez m'écouter, je vous dirai un moyen de devenir heureux, infiniment heureux; c'est de fouler aux pieds toutes vos vaines superstitions, d'étudier la doctrine chrétienne et de recevoir le baptême comme je l'ai reçu moi-même. »

Puis il développe avec une vigueur qui n'est pas dépourvue d'éloquence, d'une part, la beauté des vérités chrétiennes, d'autre part, la fausseté du bouddhisme en général, et des sorcelleries en particulier. L'animation qu'il met alors dans sa parole, se reflète sur sa figure, et malgré l'horrible lèpre, il ne manque pas d'une certaine beauté. Au reste, si vous le voulez, voici une esquisse de notre Saya-Mia. Une grande taille et une forte carrure, qu'il drape quelquefois noblement sous

les plis d'un large *passau* (1), à la mode de Birmanie ;
visage plein, aux traits mâles et empreints d'un grand
calme. La lèpre a petelé sa figure sans détruire l'expression de dignité qui s'en dégage ; regard franc et simple,
démarche un peu solennelle, comme il convient à un
ancien prophète. La maladie a surtout sévi aux mains et
aux pieds. Il ne leur reste plus aucun doigt ; et quand
le pauvre homme fait sa prière, il ne peut que rappro-
cher ses tronçons de bras, qui ressemblent alors à deux
grosses baguettes de tambour. Si vous lui donnez un
petit objet, une pièce de monnaie, par exemple, il ne
pourra la saisir ; mais il mettra ses bras en forme de
plateau pour la recevoir, et si elle glisse par terre, il ira
la ramasser avec ses lèvres ou ses dents. Ce sont les
seuls instruments de préhension qui lui restent.

Puisse le bon Dieu nous conserver notre Saya-Mia,
pour l'édification et la conversion de tous nos lépreux ;
puisse sa divine bonté en susciter d'autres qui, imitant
ses exemples, obtiennent les mêmes succès ! Que notre
famille sera alors heureuse ! Ce sera vraiment le paradis
des Lépreux sur la terre.

(1) Vêtement birman consistant en une pièce d'étoffe qui est plus
ou moins longue, large et riche, suivant les moyens du propriétaire.

La bonne mesure — *Donnez, et on vous donnera : « Donnez abondamment et on versera dans votre sein une bonne mesure, bien pressée et entassée, qui se répandra par dessus « les bords », car on se servira envers vous de la même mesure dont vous vous serez servis « envers les autres » (St Luc, vi, 38).*

CHAPITRE V

Espoir et confiance.

DÉVELOPPEMENT DE L'HÔPITAL. — LÉPREUX RENVOYÉS. — IMPOR-
TANCE SOCIALE DE L'ŒUVRE DES LÉPREUX. — L'EUROPE MENACÉE.
— PREMIÈRE CONFÉRENCE SCIENTIFIQUE INTERNATIONALE SUR LA
LÈPRE. — MOYEN PRATIQUE. — ESPOIR ET CONFIANCE.

La léproserie « Saint-Jean » prend chaque jour une plus large extension, et grand est le poids de la responsabilité morale que fait peser sur nos épaules l'administration d'un tel établissement ; mais bien lourde aussi est la charge de résoudre la question matérielle et financière.

La bonne volonté, le zèle et l'activité inspirés et bénis par Dieu suffisent à nous rassurer pour le premier point ; pour le second, nous avons absolument besoin de l'aide et de la générosité de ceux qui voudront bien nous secourir de leurs aumônes.

Notre œuvre consiste à soulager les misères de la portion la plus malheureuse du genre humain. Ce but que nous poursuivons est double. Il ne s'agit pas

seulement d'une œuvre de miséricorde chrétienne en
faveur de quelques malheureux membres de la société
humaine, œuvre qui, à elle seule, serait déjà un grand
acte d'amour méritant la promesse du Seigneur : « Ce
que vous avez fait au moindre de mes frères vous l'avez
fait à moi-même », mais qui ne serait, somme toute,
qu'une goutte d'adoucissement dans une mer de douleurs ! Ce n'est pas de cela seulement qu'il s'agit; nous
voulons faire, en outre, une œuvre d'une haute importance sociale.

Mon rêve, et il est pratiquement réalisable, notre but,
je le répète, est d'empêcher la lèpre d'envahir de nouveau nos pays de l'Europe qu'elle a tant ravagés autrefois, c'est d'en finir une bonne fois avec ce terrible fléau.
On a grandement tort de croire que la lèpre ne trouvera
pas en Europe de terrain favorable pour se répandre;
les 19.000 léproseries européennes d'autrefois le prou-
vent assez clairement. Et c'est précisément parce que
de nos jours on a trouvé un nombre assez considérable
de lépreux dans différents pays de l'Europe que le lundi
11 octobre 1897, se sont réunis à Berlin, durant une
semaine entière, les membres de la première conférence
scientifique internationale sur la lèpre. C'était une As-
semblée imposante des célébrités médicales de tous les
pays.

Tous les gouvernements se sont faits représenter par
des délégués.

Grâce à l'aimable bonté de Son Altesse le chancelier
Prince Hohenlohe, j'ai eu l'honneur d'assister à toutes
les conférences.

Avant la clôture, le Congrès a unanimement adopté
les résolutions suivantes :

1° Dans tous les pays où la lèpre forme des foyers
ou prend une grande extension, l'isolement est le meil-
leur moyen d'empêcher la propagation de la maladie.

2° La déclaration obligatoire, la surveillance et l'isolement, tels qu'on les pratique en Norwège, doivent être recommandés à toutes les nations, dont les municipalités sont autonomes et possèdent un nombre suffisant de médecins.

3° Il faut laisser aux autorités administratives le soin de fixer, sur l'avis des conseils sanitaires, les mesures de détail en rapport avec les conditions sociales de chaque pays.

Comme on voit, ces résolutions concordent parfaitement avec tout ce que j'ai dit et écrit moi-même sur la lèpre, à savoir: Cette maladie est réellement contagieuse et, devant l'inefficacité actuelle des efforts de la science, le seul moyen pratique d'empêcher son invasion et sa propagation en Europe est d'isoler dans des léproseries comme celle de Saint-Jean, les malheureux qui en sont atteints.

A ce titre nous faisons appel à la générosité de tout le monde, et spécialement au bon vouloir de ceux qui n'ont pas encore eu l'occasion de nous aider.

Les dépenses courantes pour nourriture, habits et médecines, sans mettre en ligne de compte les frais de construction et de réparations, montent à 1,800 francs par mois, et quelque zèle que nous mettions à bien remplir notre métier de quêteur, nous ne pouvons pas toujours atteindre cette somme. Et cependant, combien de lépreux qui, de toutes les parties de la Birmanie, demandent leur admission dans notre hôpital! Le cœur navré de tristesse, nous sommes obligés de les renvoyer: il n'y a plus de place, et surtout il n'y a plus de ressources. Je ne puis exprimer la souffrance intime que nous éprouvons, le P. Martin et moi, quand nous voyons ces pauvres déshérités du monde, à la figure repoussante, venus à nous avec la confiance des enfants

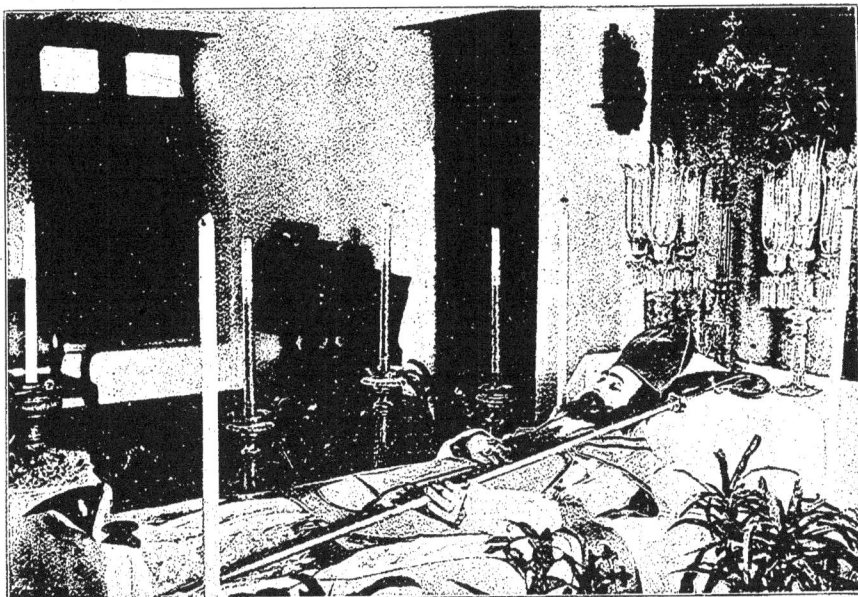

MONSEIGNEUR SIMON SUR SON LIT DE MORT

qui vont vers leur père, s'en retourner déçus. Mais, hélas! comment pourrions-nous les nourrir?

Nous faisons donc un appel urgent, suppliant, à tous ceux qui peuvent nous prêter assistance.

Il faudrait que leurs secours nous permettent non seulement de maintenir notre œuvre dans sa situation actuelle, mais encore d'agrandir le champ de ses bienfaits, après avoir payé les dettes, 9,550 francs, que j'ai dû emprunter pour les constructions devenues indispensables.

J'ai grand besoin de répéter ma devise : « Espoir et confiance! » Avec cet espoir et cette confiance, je me permets d'exposer à mes chers lecteurs le moyen qui me paraît le plus pratique pour établir quelque chose de durable.

Je propose à chacun d'eux ou à plusieurs réunis d'adopter un lépreux, ou de fonder un lit, comme on dit vulgairement en langage d'hôpitaux, quoique le lit ne soit pas le point capital de l'affaire. Voyons, faisons le compte.

Au plus bas prix, il faut mettre 12 francs par mois pour un pensionnaire, et il ne sera pas gras tous les jours, bien sûr; au bout de l'an ceci nous conduit à 144 francs. Maintenant, l'application d'une petite règle de trois de notre vieille arithmétique nous montre du coup qu'il faut 2,880 fr. de capital à 5 o/o, pour produire cette somme annuelle.

Parmi ceux qui me liront, n'y en aura-t-il pas quelques-uns qui seront à même de nous assurer la subsistance? qui se sentiront pénétrés du désir de sauver les âmes de ces malheureux, en adoucissant les souffrances de leurs corps? qui pense-

ront aux membres bien-aimés de Jésus-Christ, à ceux qui le représentent dans ses douleurs sur la terre? Quel hymne de gratitude et de louange nous entonnerions alors!

D'autre part, pour que notre reconnaissance soit pratique, et dure aussi longtemps que le bienfait, c'est-à-dire à perpétuité, nous avons établi ce qui suit:

1° Les Fondateurs de lits auront une part générale à toutes les prières, bonnes œuvres et souffrances du lépreux devenu leur pupille.

2° Le premier vendredi de chaque mois, une messe en l'honneur du Sacré-Cœur sera dite à leur intention. Les lépreux demanderont spécialement pendant cette messe au divin Cœur de Jésus, d'agréer, selon la mesure de son amour infini, les demandes faites le même jour par les Fondateurs.

3° Le chemin de croix que nous faisons solennellement chaque vendredi, aura pour premier but d'obtenir le soulagement des âmes des Fondateurs défunts et de leurs parents défunts.

4° Une des intentions du chapelet, récité chaque jour en commun, sera pour que la très sainte Vierge éloigne les malheurs qui menacent présentement nos Bienfaiteurs et leurs familles.

5° Un cadre, adapté à la tête du lit, portera en gros caractères birmans et français, le nom du Fondateur, afin que l'occupant du lit ne laisse jamais sortir de sa mémoire le souvenir de son bienfaiteur. Sur le même cadre on inscrira les intentions que le Fondateur du lit voudra bien nous manifester.

6° *Enfin, un cœur en vermeil renfermera les noms de tous les Souscripteurs, Bienfaiteurs et Fondateurs. Ce cœur suspendu à une place d'honneur, à la chapelle, sera mis à la portée des lépreux pour qu'il puisse recevoir les hommages particuliers de leur gratitude. Il portera cette inscription :*
« *J'ai eu faim et vous m'avez nourri* ».
Signé : « *JÉSUS* ».

Que pouvons-nous faire encore pour rendre notre reconnaissance plus effective? Si quelqu'un nous en indique le moyen, volontiers nous le mettrons immédiatement en œuvre. Il ne nous reste plus qu'à faire des vœux pour que le bon Dieu donne à chacun de mes chers lecteurs la facilité d'accomplir ses désirs à notre égard.

Intimement persuadés que notre entreprise a été inspirée par Dieu, comme le dit si bien Mgr Usse, nous ne nous laissons pas décourager par la détresse des finances des six dernières années; mais, pour regarder courageusement l'avenir un peu sombre, nous avons besoin de concevoir un nouvel espoir, une nouvelle confiance. Bientôt, nous en avons la conviction, l'humanité, la générosité de nos bienfaiteurs nous permettront de placer notre établissement sur de telles bases, que, bannissant toute crainte pour l'avenir, nous pourrons ouvrir nos portes à tous ces malheureux sans abri. A ceux qui nous entendent, de hâter la venue de ce jour!

Ah! nous en verrions bientôt l'aurore, si je pouvais faire contempler à nos bienfaiteurs les résultats de leur charité; si je pouvais surtout montrer à ces généreux catholiques de France, prêts à verser, avec l'amour de leur cœur, l'or de leur bourse sur les vraies misères humaines, comment ils deviennent les artisans de notre bonheur.

Le vicaire de Jésus-Christ, Sa Sainteté Léon XIII a daigné bénir l'œuvre ainsi que toutes les personnes qui travaillent à l'Asile Saint-Jean et celles qui l'aident de leurs aumônes.

Cette bénédiction et celles de Leurs Éminences les cardinaux Parocchi, Bianchi, Vannutelli Serafin, Ledóchowski, Rampolla, Richard, Schönborn, Vanutelli Vincent, Gruscha, Krementz, Logue, Galimberti, Vaszary, Vaughan, Kopp, Perraud, Sclauch, Sembratovicz, Haller, Agliardi, Macchi, Steinhuber, de Mgr Usse, vicaire apostolique de la Birmanie septentrionale et de tant d'autres vénérés prélats, sont pour moi de précieux gages de succès.

« **Ayez bien soin de nos chers lépreux** », me disait Mgr Simon à son lit de mort. Ces paroles me sont restées gravées au fond du cœur et je ne reculerai devant aucune difficulté pour réaliser ce suprême désir qui est comme le testament du saint évêque mourant. Aussi j'ai commencé et continue ma tournée de mendiant *in nomine Domini*. Puissé-je frapper moi-même à la porte de ces bonnes familles françaises dont la générosité ne connaît d'autre limite que l'impossibilité absolue ! Le temps hélas ! ne me le permet pas. Le 3 décembre prochain, en la fête de St François Xavier, le Patron de toutes les Missions, je m'embarquerai en compagnie de six sœurs pour retourner au milieu de mes chers lépreux, pour vivre et mourir avec eux, si telle est la volonté divine. Les personnes charitables et compatissantes aux grandes misères de l'humanité sont donc priées d'envoyer leur aumône

Au Révérend Père **Barillon**,
directeur au Séminaire des Missions-Étrangères,
128, rue du Bac, à Paris.

Le Père Barillon se charge de me faire parvenir toutes les communications qui me sont adressées à Paris. A partir du mois de décembre 1897, les personnes désirant communiquer directement avec moi sont priées d'adresser leurs lettres

Au Père JEAN WEHINGER,
Missionnaire apostolique,
Directeur de la Léproserie « Saint-Jean »
à Mandalay, Birmanie Septentrionale (Asie).
Via Brindisi.

Recevront également des aumônes en faveur de la Léproserie Saint-Jean :

1. A Lyon (France) : Le Bureau des *Missions catholiques.*
2. A Kracovie (Krakau, Autriche) : Le Révérend Père M. Czerminski, rédacteur des *Missions catholiques,* 26, Kopernika.
3. A Vienne (Autriche) : Hochwürden Herrn E. Zimmermann, per adr. *Austria,* 21, Sonnenfelsgasse I.
4. A Trieste (Autriche) : M. l'abbé Edmond Henry, aumônier de Notre-Dame de Sion.
5. A Innsbruck (Tyrol, Autriche) : Hochwürden Herrn Pater V. Kolb S. J., Rector, Universitætstrasse.
6. A Colmar (Alsace) : M. l'abbé J. B. Kuehn, 4, rue de Wickramm.
7. A Bern (en Suisse) : Monsieur Alphonse Trincano, Hirschgraben.
8. A Trèves (en Allemagne) : Hochwürden Herrn Dasbach, Paulinus-Druckerei.
8. A Londres (Angleterre) : The Reverend Hugh Chapman, 177, Camben Grove North, Peckham London S.-E.

Aux Enfants d'Europe qui ne souffrent pas!

LETTRE DES PETITS LÉPREUX DE BIRMANIE !

« Aux enfants qui ne souffrent pas! »
Avons-nous mis sur l'enveloppe
Que notre Père d'ici-bas
S'en va porter en Europe.
Vous souriez, toujours heureux,
Doux frères de Suisse et de France,
Ah! si vous saviez la souffrance
De vos petits frères lépreux !

Pareils aux oiseaux des savanes,
Flamants de pourpre et bengalis,
Sur les fleurs rouges des lianes,
Vous courez dans vos bois jolis.
Sous les touffes des bambous grêles
Dansent aussi les papillons :
La lèpre enchaine nos pieds frêles
Cloués sur la natte en haillons !

Comme vous le soir, sous les franges
Et le satin de vos berceaux,
Nous voudrions jaser aux anges
Sous les aloès en arceaux ;
Mais, hélas ! la douleur chasse
Le rêve de nos yeux fiévreux :
La lèpre avide jamais lasse
Dévore les petits lépreux !

Si parfois vous pleurez, vos mères
Consolent vos pleurs d'un baiser :
Ce remède aux larmes amères
Nous nous le voyons refuser :
Le mal qui fait tant de détresses
Sur leurs lèvres n'a pas laissé
Même une place à nos caresses :
La lèpre âpre a tout effacé !

Comme les roseaux jaunis meurent
Aux bords de l'Irraouady,
Sous les yeux des Pères qui pleurent
Nos jours n'auront point de midi.
Mères, pour panser les blessures
Des petits lépreux délaissés
Torturés d'horribles morsures.
Un petit sou serait assez !

Enfants, vous pouvez tout sur elles ;
Oh ! racontez-leur nos tourments
Sous ce grand soleil d'étincelles
Par votre voix aux sons charmants,
Entendant mieux notre parole
Pour soulager nos maux affreux,
Elles donneront une obole
Au Père des petits lépreux !

Nous prierons dans notre chapelle
— Car nous ne sommes pas ingrats —
L'Enfant né de la Vierge belle,
Pour vous qui nous tendez les bras.
Lui de sa vérandah d'ivoire
Bénira vos cœurs généreux ;
Car il est aussi dans sa gloire
Le Jésus des petits lépreux !

Signé : Les Enfants lépreux de l'Asile « St-Jean » à Mandalay
en Birmanie, via Brindisi, Asie.

Paris. — Imprimerie G. Picquoin, 53, Rue de Lille.

AVIS

1° Sera **Souscripteur** toute personne qui donnera une aumône proportionnée à ses moyens; celle qui donnera **12 fr.** aura la consolation d'entretenir un malade pendant tout un mois. **12 francs.**

2° Sera **Bienfaiteur ou Bienfaitrice** toute personne qui veut bien prendre à sa charge l'entretien d'un lépreux pendant un an. **144 francs.**

3° Sera **Fondateur ou Fondatrice de lit** toute personne qui veut bien se charger d'un malade à perpétuité. **2.880 francs.**

Nota : On peut

1° Ou verser ce capital immédiatement en entier ;

2° Ou le payer par termes mensuels ou annuels que le fondateur devra déterminer ;

3° Ou bien l'assurer par testament et afin de participer de suite aux mérites et avantages spirituels de la fondation, en payer annuellement les intérêts à 5 0/0, c'est-à-dire 144 fr. Cette remarque s'applique aussi aux points 4 et 5.

4° Sera **Bienfaiteur ou Bienfaitrice insigne** toute personne qui se fera remplacer dans le soin des pauvres lépreux en se chargeant de l'entretien à perpétuité d'une sœur ou d'un frère à la Léproserie. **6,000 francs.**

5° Sera **Fondateur ou Fondatrice de l'hôpital** toute personne qui voudra bien prendre à perpétuité l'entretien de trois malades : un malade en l'honneur de chacune des trois Personnes de la Très Sainte Trinité **8,640 francs.**

Nota I. — Ces divers titres peuvent s'accorder à des groupes de personnes qui se cotisent et alors *la personne qui aura organisé ces groupes* a droit au titre de **Zélateur ou Zélatrice** du 1er, 2e, 3e, 4e ou 5e degré, suivant que les sommes ainsi fournies seront de **12**, de **144**, de **2,880**, de **6,000** ou de **8,640** francs.

Nota II. — Cette brochure contenant 14 grandes photogravures et 5 gravures est due à la générosité d'une personne charitable qui la destine à être vendue au profit de la léproserie

Elle sera adressée à toutes les personnes qui en feront la demande et enverront une aumône par mandat poste ou en timbres-poste,

Au Révérend Père Barillon,
Directeur au Séminaire des Missions Étrangères
128, rue du Bac, 128
Paris

Un des dix lépreux vient rendre grâces à Jésus. — *L'un d'eux, voyant qu'il était guéri, retourna sur ses pas, glorifiant Dieu à haute voix, et il vint se jeter aux pieds de Jésus pour lui rendre grâces* (St Luc, XVII, 15 et 16).

ENTRETIEN D'UN LÉPREUX

1° Par mois . . . .   **12** fr.

2° Par an . . . .   **144** fr.

3° A perpétuité. , ... **2.880** fr.

L. J. Ch.

NOTA. — Cette brochure contenant 14 grandes photogravures et 5 petites gravures est due à la générosité d'une personne charitable qui la destine à être vendue au profit de la léproserie.

Elle sera adressée à toutes les personnes qui en feront la demande et enverront une aumône par mandat-poste ou en timbres-poste,

Au Révérend Père BARILLON,

Directeur du Séminaire des Missions Etrangères,

128, rue du Bac, Paris.